THIS JOURNAL
BELONGS TO:

Prophet Tina Lowe

951-823-9047

Date 6·28·20   **Speaker** Prophet Tina

Topic _____

Scripture References 9:1³ Blessing
Gen. 9:22   v7-10, 18 ₹ 27 pg 95 Sons of
                                        Noah

✝

Notes

Lk. 2:52 Favor verses
Proverbs 3:4

Prayer Requests

Keywords

Further Study

6-28-20

Wise Women Worshipping

1 Sam 18: 1-4 Godly soul tie

Soul Ties - a nitting together
Bonding of souls in relationship

Date _____ **Speaker** _____

Topic _____

Scripture References

_____

_____

Notes

Prayer Requests

Keywords

Further Study

Date _____   **Speaker** _____

Topic _____

Scripture References

_____

_____

Notes

Prayer Requests

Keywords

Further Study

Date _____   **Speaker** _____

Topic _____

Scripture References

_____

_____

Notes	Prayer Requests

Further Study

Keywords

Date _____ **Speaker** _____

Topic _____

Scripture References

_____

_____

Notes	Prayer Requests

Further Study	Keywords

Date _____ **Speaker** _____

Topic _____

Scripture References

_____

_____

Notes

Prayer Requests

Keywords

Further Study

Date _____ **Speaker** _____

Topic _____

Scripture References

_____

_____

Notes	Prayer Requests

Further Study	Keywords

Date _____ **Speaker** _____

Topic _____

Scripture References

_____

_____

Notes	Prayer Requests

Further Study	Keywords

Date _____ **Speaker** _____

Topic _____

Scripture References

_____

_____

Notes	Prayer Requests

Keywords

Further Study

Date _____   **Speaker** _____

Topic _____

Scripture References

_____

_____

Notes

Prayer Requests

Keywords

Further Study

Date _____   **Speaker** _____

Topic _____

Scripture References

_____

_____

Notes	Prayer Requests

Keywords

Further Study

Date _____ **Speaker** _____

Topic _____

Scripture References

_____

_____

Notes

Prayer Requests

Keywords

Further Study

Date _____   **Speaker** _____

Topic _____

Scripture References

_____

_____

Notes	Prayer Requests

Further Study	Keywords

Date _____   **Speaker** _____

Topic _____

Scripture References

_____
_____

Notes	Prayer Requests

Keywords

Further Study

Date _____   **Speaker** _____

Topic _____

Scripture References

_____

_____

Notes	Prayer Requests

Further Study

Keywords

Date _____ **Speaker** _____

Topic _____

Scripture References

_____

_____

Notes	Prayer Requests

Further Study	Keywords

Date _____   **Speaker** _____

Topic _____

Scripture References

....

....

Notes	Prayer Requests

Further Study	Keywords

Date _____ **Speaker** _____

Topic _____

Scripture References

_____

_____

Notes	Prayer Requests

Further Study	Keywords

Date _____ **Speaker** _____

Topic _____

Scripture References

_____

_____

Notes	Prayer Requests

Further Study	Keywords

Date _____   **Speaker** _____

Topic _____

Scripture References

_____

_____

Notes

Prayer Requests

Keywords

Further Study

Date _____   **Speaker** _____

Topic _____

Scripture References

_____

_____

Notes	Prayer Requests

Keywords

Further Study

Date _____ **Speaker** _____

Topic _____

Scripture References

_____
_____

Notes	Prayer Requests

Keywords

Further Study

Date _____ **Speaker** _____

Topic _____

Scripture References

_____

_____

Notes

Prayer Requests

Keywords

Further Study

Date _____   **Speaker** _____

Topic _____

Scripture References

_____

_____

Notes

Prayer Requests

Keywords

Further Study

Date _____ **Speaker** _____

Topic _____

Scripture References

_____

_____

Notes	Prayer Requests

Further Study

Keywords

Date _____   **Speaker** _____

Topic _____

Scripture References

_____

_____

Notes

Prayer Requests

Keywords

Further Study

Date _____   **Speaker** _____

Topic _____

Scripture References

_____

_____

Notes	Prayer Requests

Further Study	Keywords

Date _____   **Speaker** _____

Topic _____

Scripture References

_____

_____

Notes	Prayer Requests

Further Study	Keywords

Date _____ **Speaker** _____

Topic _____

Scripture References

_____

_____

Notes	Prayer Requests

Further Study	Keywords

Date _____   **Speaker** _____

Topic _____

Scripture References

_____

_____

Notes	Prayer Requests

Keywords

Further Study

Date _____ **Speaker** _____

Topic _____

Scripture References

_____

_____

Notes

Prayer Requests

Keywords

Further Study

Date _____   **Speaker** _____

Topic _____

Scripture References

_____

_____

Notes	Prayer Requests

Keywords

Further Study

Date _____   **Speaker** _____

Topic _____

Scripture References

....

....

Notes	Prayer Requests

Further Study	Keywords

Date _____ **Speaker** _____

Topic _____

Scripture References

....

....

Notes	Prayer Requests

Further Study	Keywords

Date _____   **Speaker** _____

Topic _____

Scripture References

_____

_____

Notes	Prayer Requests

Further Study

Keywords

Date _____ **Speaker** _____

Topic _____

Scripture References

_____

_____

Notes	Prayer Requests

Keywords

Further Study

Date _____   **Speaker** _____

Topic _____

Scripture References

_____

_____

Notes	Prayer Requests

Further Study

Keywords

Date _____   **Speaker** _____

Topic _____

Scripture References

_____

_____

Notes

Prayer Requests

Keywords

Further Study

Date _____ **Speaker** _____

Topic _____

Scripture References

_____

_____

Notes	Prayer Requests

Further Study

Keywords

Date _____   **Speaker** _____

Topic _____

Scripture References

_____

_____

Notes

Prayer Requests

Further Study

Keywords

Date _____   **Speaker** _____

Topic _____

Scripture References

_____

_____

Notes

Prayer Requests

Keywords

Further Study

Date _____ **Speaker** _____

Topic _____

Scripture References

_____

_____

Notes	Prayer Requests

Further Study

Keywords

Date _____ **Speaker** _____

Topic _____

Scripture References

_____

_____

Notes

Prayer Requests

Keywords

Further Study

Date _____ **Speaker** _____

Topic _____

Scripture References

_____

_____

Notes	Prayer Requests

Further Study	Keywords

Date _____   **Speaker** _____

Topic _____

Scripture References

_____

_____

Notes	Prayer Requests

Further Study

Keywords

Date _____ **Speaker** _____

Topic _____

Scripture References

_____

_____

Notes

Prayer Requests

Keywords

Further Study

Date _____ **Speaker** _____

Topic _____

Scripture References

_____

_____

Notes	Prayer Requests

Keywords

Further Study

Date _____   **Speaker** _____

Topic _____

Scripture References

_____

_____

Notes	Prayer Requests

Further Study	Keywords

Date _____   **Speaker** _____

Topic _____

Scripture References

_____

_____

Notes	Prayer Requests

Keywords

Further Study

Date _____ **Speaker** _____

Topic _____

Scripture References

_____

_____

Notes	Prayer Requests

Further Study	Keywords

Date _____   **Speaker** _____

Topic _____

Scripture References

_____

_____

Notes

Prayer Requests

Keywords

Further Study

Date _____   **Speaker** _____

Topic _____

Scripture References

_____

_____

Notes	Prayer Requests

Further Study	Keywords

Date _____   **Speaker** _____

Topic _____

Scripture References

_____

_____

Notes	Prayer Requests

Keywords

Further Study

Date _____ **Speaker** _____

Topic _____

Scripture References

_____

_____

Notes

Prayer Requests

Further Study

Keywords

Date _____   **Speaker** _____

Topic _____

Scripture References

_____

_____

Notes	Prayer Requests

Keywords

Further Study

Date _____ **Speaker** _____

Topic _____

Scripture References

_____

_____

Notes	Prayer Requests

Further Study	Keywords